MICHAEL »STAY THE FUCK AT« HOME

LONG ISOLATION ICED TEA

VORWORT

Liebe Leserin,
lieber Leser,

harte Zeiten erfordern harte Maßnahmen – und harte Drinks. Im besten Fall solche, die nicht nur die Laune heben, sondern auch aus Zutaten bestehen, die man üblicherweise zu Hause hat oder zumindest relativ problemlos besorgen kann. Also nichts mit karamellisiertem Popcornsaft und Spinatwachteleiern, sondern vor allem ordentlich Sprit. Als kleine Hilfestellung sind die Zutaten auch nach Relevanz für den Drink eingeteilt, wobei – eigentlich nicht für den Drink sondern für einen Drink. Denn selbst wenn ihr nur eine Zutat dahabt, funktioniert der Cocktail irgendwie (Stichwort »Alkohol und Fantasie«).

Da ich mich selbstverständlich mit diesem Buch an alle vergangenen, bestehenden und zukünftigen Regeln zu Ausgangsbeschränkungen, Quarantäne oder einfach nur zum Couch-Potato-Dasein halte, tragen alle Cocktails die unumstößliche Heimatverbundenheit selbstverständlich auch im Namen.

Erheben wir das Glas auf bessere Zeiten!

Prost.

DIE GRENZEN SIND DICHT

NO SEX ON THE BEACH

Diese unbeschreibliche Mischung aus warmem Sand unter den Füßen, Sonnencremeduft in der Nase und einer kribbeligen Urlaubsentspanntheit – wirst du so schnell nicht erleben. Aber immerhin dieses angetüddelte Gefühl holst du dir mit diesem Drink ganz einfach in die Wohnung.

Was du wirklich brauchst
4 cl Wodka

Was du sonst noch brauchst
2 cl Pfirsichlikör
4 cl Cranberrysaft
4 cl Orangensaft

Was fast egal ist
1 Scheibe Orange
Eiswürfel

Wenn du immer noch deprimiert wegen der Sache mit dem Sand und so bist, dann muntert dich vielleicht diese gute Nachricht etwas auf: Das Mixen dieses Drinks ist keine große Kunst. Einfach alles zusammenschütten und shaken (ja, zur Not geht auch verrühren). Wichtig: Kein Sex während der Zubereitung! Und schon gar nicht am Strand.

CUBA NO LIBRE

Ob Kuba jetzt libre ist oder nicht, kann dir momentan egal sein, denn so schnell wirst du da sowieso nicht landen. Und Freiheit – was ist das überhaupt? Bist du frei? Oder hält dich eine Ausgangsbeschränkung zurück? Macht es überhaupt einen Unterschied, ob dich eine auferlegte Beschränkung oder der eigene innere Schweinehund daran hindert, rauszugehen und Dinge zu tun, die gut für dich wären? Bist du nicht längst Gefangener deines unfreien Willens?

Was du wirklich brauchst
6 cl Rum (weiß, wenn du dahast)

Was du sonst noch brauchst
12 cl Cola
1 Limette

Was fast egal ist
1 cl Limettensaft
Eiswürfel

Wenn du fertig damit bist, über Freiheit nachzudenken, können wir jetzt anfangen: Viertle die Limette, drücke sie über dem Glas leicht aus und wirf sie anschließend mit hinein. Sperre nun so viele Eiswürfel in das Glas, wie du magst. Vergiss dabei bitte nicht, dass weniger Drink in ein Glas passt, wenn es schon randvoll mit Eiswürfeln ist. Hindere anschließend den Rum, die Cola und eventuell noch etwas zusätzlichen Limettensaft daran, in der Freiheit ihres Herkunftsgefäßes zu existieren, und zwinge sie, gemeinsam mit den Eiswürfeln und den Limetten ihr Dasein hinter Glasscheiben zu fristen.

SWIMMINGPOOL CLOSED

Es ist ja nicht nur Pandemie, es ist auch Klimakatastrophe! Du befindest dich also möglicherweise mitten in einem richtig, richtig heißen Sommer. Die Sonne brennt vom Himmel auf den Beton, die Luft flirrt, du fühlst, wie dir der Schweiß langsam zwischen den Schulterblättern hinabrinnt, deine Zunge liegt dir trocken und schwer im Mund. Das Einzige, was dich jetzt retten kann: ein Sprung in den Pool. Dein Körper, der Anlauf nimmt, abspringt – und mit einem sanften Platschen die spiegelglatte türkis schimmernde Oberfläche durchdringt. Doch du hörst es nicht mehr, dein Kopf ist längst eingetaucht in das sanft gechlorte, hygienisch reine Wasser, das dich umschließt. Kühl. Schwerelos.

Dödööööt. Leider nein, leider gar nicht: Der Pool ist zurzeit außer Betrieb. Blöd. Immerhin gegen die trockene Zunge können wir etwas unternehmen.

Was du wirklich brauchst
4 cl Wodka

Was du sonst noch brauchst
2 cl Blue Curaçao
12 cl Ananassaft
2 cl Sahne
2 cl Cream of Coconut

Was fast egal ist
1 Cocktailkirsche
Eiswürfel

Fülle deinen Minipool zunächst mit Wodka, Ananassaft, Sahne und der Cream of Coconut. Wenn du keine Ahnung hast, wo du gerade so fancy stuff wie Cream of Coconut herbekommen sollst, nimm entweder etwas mehr Sahne und Kokossirup oder stattdessen Kokosmilch. Oder lass sie ganz weg: Dein Pool – deine Regeln.

Damit dein Pool aber auch als solcher zu erkennen ist, brauchst du das Getränk, das Generationen jugendlicher Damen erfreut hat: Blue Curaçao. Tröpfle ihn nach und nach hinein und garniere das Ganze zum Schluss noch mit einer Cocktailkirsche. Etwas rundes Rotes in einem blauen Pool – ein Drink wie ein Mallorcaurlaub.

CLOSED

AMERICA-NO

Zu Hause bleiben first, America second. Auch im Land der unbegrenzten Möglichkeiten ist es mal gut mit »unbegrenzt«. Um dennoch ein Gefühl der Weite und einen Abklatsch des Indian Summer und kalifornischer Sonnenuntergänge in deine finstere Wohnung zu holen, hilft dir dieser Drink.

Was du wirklich brauchst
4 cl Campari

Was du sonst noch brauchst
4 cl roter Wermut

Was fast egal ist
Mineralwasser
1 Orange
Eiswürfel

Schütte Campari und Wermut in ein Glas. Achte darauf, dass du währenddessen Cowboystiefel trägst und eine Zigarre im Mundwinkel hängen hast. Vielleicht findest du noch irgendwo ein paar Geldscheine. Die kannst du zum Bündel gerollt wahlweise in deinen Ausschnitt oder deinen Stiefel stecken. Während du nun »Oh say can you see« summst, kannst du deinen Drink noch ein wenig mit Mineralwasser strecken und einer Scheibe Orange oder Orangenzeste, also Stückchen von der Schale, garnieren. Musst du aber nicht. Du bist dein eigener Chef bei deinem pursuit of happiness.

Du kannst aus deinem AMERICA-NO einen ACH-NE-GRONI machen, indem du ihn um 4 cl Gin ergänzt.

SOCIAL DISTANT DRINKING

DARK 'N LONELY

Ein Drink, so schwarz wie deine Seele. Wobei ... ehrlich gesagt ist er überraschend hell, aber vielleicht ist ja auch das eine wundervolle Metapher für das Licht am Ende des Tunnels, in dem sich dein trauriges Gemüt gerade befindet? Wie auch immer – wenn schon einsam, dann wenigstens dicht. Und wer weiß, vielleicht schläfst du deinen Rausch ja überraschend lang aus und wachst in einer Zeit auf, in der alles wieder gut ist.

Was du wirklich brauchst
6 cl Rum (dunkel, wegen dark)

Was du sonst noch brauchst
3 cl Limettensaft
15 cl Ginger Beer

Was fast egal ist
1 cl Limettensaft
Eiswürfel

Folgendes lustige Spiel zur Aufmunterung: Der Drink heißt Dark, also versuch mal, ihn im Dunkeln zuzubereiten. Komm, er besteht aus drei Zutaten, so schwer kann das nicht sein. Rum und Limettensaft schön abmessen (Finger in den Messbecher, dann merkst du, wenn er voll ist), in ein Glas schütten und mit Ginger Beer auffüllen.

Nun das Licht anmachen und entscheiden, ob du lieber erst trinken oder die Küche wischen willst.

HUGO ALLEIN ZU HAUS

Oh nein! Hugo ist allein zu Hause und niemand ist da, mit dem er spielen kann. Seine Freunde sind weg, seine Familie ist verschwunden und selbst seine Kollegen haben sich davongemacht. Zum Glück heißt Hugo nicht auch noch Kevin, dann wäre das Maß wirklich voll.

Was du wirklich brauchst
150 ml Prosecco

Was du sonst noch brauchst
2 cl Holunderblütensirup
100 ml Mineralwasser

Was fast egal ist
3 Blätter Minze
1 Scheibe Limette
Eiswürfel

Du kannst diesen Drink auch umbenennen, indem du eine andere Sorte Sirup verwendest. Nimm, was du dahast, und erschaffe Freunde für Hugo.

Stelle zunächst alle benötigten Zutaten in einem Mindestabstand von 1,50 m voneinander auf. Gib sie nun mit entsprechendem zeitlichen Abstand in ein Glas. Die Minzblätter (sofern du welche verwendest) dürfen gleichzeitig rein, da sie eng verwandt sind und aus dem gleichen Haushalt kommen.

Genieß deinen Drink allein.

JOGGINGHOSEN-ZOMBIE

Es ist ja nicht alles schlecht. Es war zum Beispiel noch nie so bequem. Wann kann man schon einmal eine ganze Woche ungestraft in Jogginghosen verbringen, ohne sich lästige Kommentare anhören zu müssen wie: »Hattest du die nicht gestern schon an?«, »Schatz, was sollen denn die Leute denken?« oder: »Herr Müller, wir haben heute einen Kundentermin!«

Dieser Drink wird dich ebenso umhauen wie der Moment, als dein Kollege im Videomeeting vor Schreck aufgesprungen ist und keine Hose anhatte …

Was du wirklich brauchst
3 cl Rum
3 cl Rum, der ordentlich knallt

Was du sonst noch brauchst
2 cl Cherry Brandy
(alternativ: Grenadinesirup)
2 cl Apricot Brandy
(alternativ: Maracujasirup)
2 cl Zitronensaft

Was fast egal ist
Orangensaft
Ananassaft
Eiswürfel

Entscheidest du dich bei der Zubereitung für die Sirupvariante, erhöhe die Rummenge auf insgesamt 9 cl.

Bleibe in deiner gechillten Stimmung und schütte die Zutaten schön entspannt in den Shaker. Nun gut mixen – aber Achtung, bloß nicht zu viel Schwung, nicht dass das hier versehentlich in Bizepstraining ausartet. Anschließend in ein Glas oder den Plastikbecher aus dem Stadion oder vom letzten Konzert schütten und ganz relaxed auf dem Sofa genießen.

QUARANTINE
ZONE

LIQUID QUARANTINE

Ein Cocktail, so zäh und düster wie 14 Tage Quarantäne – und doch hält er dich wach. In diesem Fall nicht kraft der panischen Angst, dich möglicherweise angesteckt zu haben, sondern durch die herrliche Kombination aus Koffein und Alkohol.

Was du wirklich brauchst
4 cl Espresso
2 cl Wodka

Was du sonst noch brauchst
Puderzucker

Was fast egal ist
Eiswürfel

Die Herausforderung an diesem Cocktail ist es, sich trotz der träge dahinfließenden Tage und der Betäubung, die damit einhergeht, sowohl psychisch als auch physisch dazu aufzuraffen, die Zubereitung in Angriff zu nehmen.

Wichtig: der richtige Zeitpunkt. Du kannst (solltest) nicht dauerhaft auf Sendung sein, also überleg dir vorher gut, wann du diesen Energiekick wirklich gebrauchen kannst. Eingesperrt und hyperaktiv ist keine gute Kombination ...

Brühe zunächst den Espresso auf und gib den Zucker hinzu. Du kannst statt Puderzucker auch normalen Zucker verwenden oder ihn, wenn du magst, sogar ganz weglassen. Lass das Gemisch abkühlen und gib ein paar Eiswürfel hinzu (nach dem Abkühlen, sonst hast du dünne, lauwarme Plörre). Zum Schluss mit Wodka aufgießen.

EMPTY SIDECAR

Der einsame Cowboy, der lässig in den Sonnenuntergang reitet ... Das Bild, das Lucky Luke in unsere frühkindliche Netzhaut gebrannt hat, ist zur Realität geworden. Und wer weiß, vielleicht entwickelt sich daraus eine völlig neue Form der Fortbewegung? Autos mit nur einem Sitz und dem Kofferraum in Reichweite, Busse, in denen alle Bänke bis auf die ganz hinten für die coolen Kids und den Fahrersitz ausgebaut wurden, Flugzeuge, in denen man endlich seine Beine bewegen kann, auch wenn man über 1,35 m ist ...

Was du wirklich brauchst
5 cl Cognac

Was du sonst noch brauchst
2 cl Orangenlikör (Triple Sec)
2 cl Zitronensaft

Was fast egal ist
Zitronenzeste
Eiswürfel

Alle Zutaten bis auf die Zitronenzeste in einen Shaker geben, den Shaker ins Sidecar stellen und für fünf bis zehn Minuten eine möglichst schlecht ausgebaute Landstraße mit großen Schlaglöchern befahren. Anhalten. Die Mischung in ein Glas schütten und mit der Zitronenzeste garnieren. Vor dem Trinken Helm abnehmen.

Da heute weder im Sidecar noch auf dem Beifahrersitz jemand bei dir mitfährt, brauchst du auch nicht darauf zu achten, welche Musik im Radio läuft. Kein Curaçao da? Wie wär's mit Cognac und Zitronensaft auf Eis? Oder Cognac auf Eis? Oder ... Cognac?

HOMEY WALLBANGER

Du sitzt allein zu Hause. Du starrst die Wand an. Das einzige Geräusch ist das leise Ticken deines Weckers, der in Zeiten von Homeoffice und Kurzarbeit seine Bestimmung ebenso verloren hat wie du. Der Blick aus dem Fenster bietet längst keine Abwechslung mehr, sondern nur das immer gleiche Bild der »Welt da draußen«, das trüb und grau wird hinter dem Schleier deiner Sorgen, die deine Gedanken vernebeln. Diese Idioten in schlechten Komödien, die ihren Kopf gegen die Wand oder auf den Tisch knallen, sind plötzlich keine Idioten mehr, sondern einfach Menschen, denen es genauso geht wie dir.

Nur dass du selbst diese Energie nicht mehr aufbringen kannst.

Und wenn doch: Polstere die Wand bitte mit Klopapier. Davon hast du ja jetzt genug.

Was du wirklich brauchst
4 cl Wodka

Was du sonst noch brauchst
1 cl Likör mit Vanillearoma
10 cl Orangensaft

Was fast egal ist
1 Scheibe Orange
Eiswürfel

Lege zunächst das Eis auf deinen Tisch (vorher bitte mit einem sauberen Lappen abwischen!) und crushe es mit dem Kopf. Die Eisstückchen füllst du in ein großes Glas, gießt den Wodka und den Orangensaft darüber und lässt zum Schluss den Vanillelikör hineinlaufen.

Statt des Likörs kannst du auch Vanillesirup beziehungsweise Vanillezucker nehmen, dann knallt's halt weniger. Aber so musst du immerhin mit deinem geschundenen Kopf nicht nach draußen zum Einkaufen.
Was sollen die Leute denken? Die Wunde sieht man sogar mit 1,50 m Abstand ...

SWEET, SWEET HOME

LKW WALTER
das Bett
HOYER

KIELER SUNRISE

Warum in die Ferne schweifen, wo wir doch in einem so wundervollen Land leben? Wer braucht die Rocky Mountains, wenn wir die Alpen haben? Wer den Dschungel, wenn er durch einen top gepflegten deutschen Mischwald spazieren kann? Wer Kanada, wo es doch den Harz gibt? Und – viele Bayern wissen das ja gar nicht – wir haben sogar eine eigene Küste!

Dort gibt es zum Beispiel Kiel. Von hier aus könnte man eigentlich mit einer Fähre nach Norwegen fahren, wo es möglicherweise sogar – man mag es kaum glauben – noch ein bisschen schöner ist als in Kiel. Aber spätestens wenn du versuchst, dort die Zutaten für diesen Drink zu kaufen, wärst du lieber wieder in Kiel. Am Strand. Bei Sonnenaufgang.

Was du wirklich brauchst
4 cl Tequila

Was du sonst noch brauchst
1 cl Zitronensaft
11 cl Orangensaft
1 cl Grenadine

Was fast egal ist
1 Scheibe Orange
1 Cocktailkirsche
Eiswürfel

Tipp: Den Grenadinesirup kannst du auch weglassen, wenn dir 90er-Jahre-Lavalampen-Farbverläufe nicht sooo wichtig sind. Schmeckt dann halt ein bisschen weniger sweet.

Fülle alle Zutaten bis auf die Grenadine in einen Shaker und schüttle das Ganze ordentlich. Für das richtige Urlaubsgefühl schwingst du dabei die Hüften zu heißen, exotischen Rhythmen, zum Beispiel »An der Nordseeküste« oder »Wir lagen vor Madagaskar«. Damit du dir nicht die Pest an Bord holst, schüttest du zunächst den Inhalt deines Shakers in ein Glas mit Eiswürfeln und lässt dann vorsichtig die Grenadine hineinlaufen, um diesen fancy Farbeffekt zu bekommen, der dich an einen tropischen Sonnenaufgang erinnert. Oder an Pommes mit Ketchup in der Kieler Fußgängerzone.

SKYPE-IROSKA

Lichtblitze. Blecherne Stimmen aus dem Off. Abgehackte Wortfetzer dringen an dein Ohr, unterbrochen von dumpfen Atemgeräuschen und einem immer wiederkehrenden Singsang: »Hört ihr mich? Hört ihr mich? Hört ihr mich?«

Doch keine Sorge, du wurdest weder von Aliens auf ein futuristisches Raumschiff entführt noch wurdest du k. o. geschlagen. Du befindest dich lediglich in einer Videokonferenz. Und die kann auf Dauer niemand nüchtern ertragen.

Wenn's mal wieder richtig lange dauert: Profis legen sich die Zutaten gleich in mehrfacher Ausführung bereit.

Was du wirklich brauchst
4 cl Wodka

Was du sonst noch brauchst
1 TL Rohrzucker
1 Limette

Was fast egal ist
Eiswürfel

Sorge im Vorfeld dafür, dass sich alle Zutaten in deiner Reichweite befinden, also nicht weiter als eine Armlänge entfernt. Richte die Kamera so aus, dass die anderen Teilnehmer der Konferenz nur deinen Kopf oder maximal ein wenig von deinem Oberkörper sehen.

Leg dir ein Brettchen auf den Schoß und viertle die Limette. Gib diese Viertel nun zusammen mit dem Rohrzucker in ein Glas und zerstampfe alles mit einem Stößel (ein Lineal tut es auch). Falls jemand deine ruckartigen Bewegungen bemerken sollte, behaupte einfach, dein Empfang sei gerade leider ganz schlecht.

Kippe nun den Wodka in dein Glas. Sollte dir das Abmessen unter dem Tisch zu anstrengend sein, kannst du auch einfach während des Eingießens bis drei zählen. Oder bis fünf. Oder bis 27. Gib nun bei Bedarf noch ein paar Eiswürfel hinzu.

ERDBEER-HARAKIRI

Welchen Sinn hat ein Leben, in dem man weder in Bars gehen noch seine Freunde treffen darf? Als ob so ein bisschen Joggen oder Sport im Freien diese klaffende Lücke füllen könnte. Doch bevor du komplett verzweifelst, lass deinen Frust lieber an einem schönen Erdbeer-Harakiri aus. Ein Drink, der nach den Sommern schmeckt, die du noch von früher kennst.

Was du wirklich brauchst
5 cl Rum (den guten)

Was du sonst noch brauchst
3 cl Limettensaft
2 cl Zuckerrohrsirup
(oder irgendwas anderes,
das süß macht)
3 cl Erdbeersirup
(Notlösung: Erdbeermarmelade)
ca. 6 Erdbeeren, tiefgekühlt

Was fast egal ist
Eiswürfel

Den Drink bei einem schönen, entspannenden Film genießen. Anspieltipps: Planet Terror, Saw VII, Piranha 3D

Nimm zunächst den Rum wütend aus dem Regal und knalle die Flasche auf den Tisch. Entreiße anschließend die Erdbeeren der Tiefkühltruhe und stürze sie gemeinsam mit allen anderen Zutaten in den Mixer. Schalte den Mixer ein und stelle ihn auf Splatter-Geschwindigkeit. Beobachte nun durch das Plastikgehäuse, wie im Inneren alles zerfetzt wird. Erfreue dich an der blutroten Farbe der Erdbeeren und lache mindestens 30 Sekunden lang diabolisch.

Löse anschließend den Finger von der Splatter-Taste und fülle dann den fertigen, im Idealfall eiskalten und zähflüssigen Drink in ein Glas.

SWEET DESINFECTION

Dieser Cocktail gehört nicht zu den absoluten Klassikern, darf in unserer Aufstellung aber auf keinen Fall fehlen. Ebenso wie verschiedene Rezepte für den Drink kursieren, ist es schließlich auch auf unterschiedlichste Weise möglich, sich, seine Kinder, den Hund und sein Zuhause zu desinfizieren. Apropos: Nur Anfänger benutzen extra für diesen Zweck produziertes Desinfektionsmittel. Kreative Köpfe haben schon ganz andere Methoden entwickelt: Atemmasken bügeln, Dinge in die Sonne legen oder sich schützende Symbole in die Haut tätowieren. Diese Methoden sind ebenso wirksam wie homöopathische Globuli gegen Viren. Wirklich.

Desinfiziere lieber von innen – nein, natürlich nicht mit intravenös verabreichtem Desinfektionsmittel, welcher Otto kommt denn auf diese Idee? –, und zwar mit diesem Drink.

Was du wirklich brauchst
3 cl Wodka
2 cl Kaffeelikör
1 cl Kirschlikör

Was du sonst noch brauchst
1 cl Vanillesirup
Ananassaft

Was fast egal ist
¼ Scheibe Ananas
1 Cocktailkirsche
Eiswürfel

Wodka, Kaffeelikör und Kirschlikör in einen Shaker geben, allerdings nach folgendem Prinzip: Fülle immer abwechselnd 1 cl der jeweiligen Zutat in den Shaker und 1 cl direkt in dich hinein – so lange, bis sich die im Rezept vorgegebene Menge im Shaker befindet. Ja, das ist hier jetzt voll krass mit Denken und so.

Gib im Anschluss daran den Vanillesirup in den Shaker. Davon trinken musst du nicht, da der natürlich keine desinfizierenden Eigenschaften besitzt, wie jedes Kleinkind weiß. Shaken, in ein mit Eiswürfeln gefülltes Glas geben und mit Ananassaft auffüllen.

Wenn du es dir trotz olfaktorischer Dauerpenetration durch diverse Hygienesprays in deiner Wohnung schön machen willst, dekoriere deinen Cocktail gern noch mit ¼ Scheibe Ananas und einer Cocktailkirsche. Cocktailkirschen gehen immer.

KIRKLAND
Bath Tissue
425
SHEETS PER ROLL
30
WIDER SHEETS
Charmin
Ultra Soft
MORE CUSHION
NTED KITCHEN
DRAWSTRING
Bags
FRESH SCENT
7 DAY ODOR CONTROL
ED KITCHEN
13
GALLON
200 BAGS

KLOPAPIRINHA

Ein Drink wie Klopapier: Jeder kennt ihn, jeder weiß ihn zu schätzen und nur in guter Qualität tut er so richtig gut. Oft wird er unterschätzt und als Massenware abgetan, doch wer ihn plötzlich nicht mehr haben kann, wird ihn vielleicht erst jetzt so richtig lieben lernen.
Also: Maske auf, Laufschuhe an, mit Poolnudel bewaffnen – und ran an die Regale!

Was du wirklich brauchst
6 cl Cachaça

Was du sonst noch brauchst
1 Limette
3 TL Rohrzucker

Was fast egal ist
Crushed Ice

Schaue zunächst beim Obstregal vorbei, das sich in den meisten Supermärkten ganz vorn befindet, schnappe dir entweder eine einzelne Limette (sehr vorbildlich) oder gleich ein ganzes Netz (Hamsterkauf!) und laufe weiter zum Regal mit den Backzutaten.
Hier wirst du vermutlich fündig, was den Rohrzucker angeht – sollte er ausverkauft sein, guck mal, ob es Bio-Rohrohrzucker gibt. Denn so weit kommt es noch, dass die Menschheit plötzlich anfängt, sich nur wegen ein paar Viren Gedanken um Umwelt und Ernährung zu machen.
Hole nun kurz Luft und gehe in eine tiefe Starthocke, um dich auf den Sprint zum Spirituosenregal vorzubereiten. Sollte auch hier Ebbe herrschen, kannst du, wenn es nicht anders geht, Rum statt Cachaça mitnehmen. Wobei wohl kaum jemand als Erstes an Cachaça denkt, wenn es darum geht, überlebenswichtige Vorräte anzulegen. Zumindest niemand, der in seinem aktuellen Zustand schneller ist als du.
Wenn du supergut drauf bist und die Maske noch hält, läufst du auf dem Heimweg an einer Tankstelle vorbei und besorgst Crushed Ice (falls du das nicht sowieso schon im Supermarkt gefunden hast).

Zu Hause angekommen hast du nun die richtige Temperatur für tropische Sommerdrinks und kannst dir einen eiskalten Klopapirinha zubereiten. Dafür die Limette vierteln und mit dem Rohrzucker in ein Glas geben. Mit einem Stößel bearbeiten und anschließend das Glas mit Crushed Ice füllen. Zum Schluss den Cachaça darübergießen und, wenn du noch ausreichend Energie hast, ein bisschen umrühren.

CLOSED KITA

Ist es nicht schön, endlich viel Zeit mit den lieben Kleinen verbringen zu können? Ja – genau zwei Tage lang. Danach wird es mehr Arbeit, als die Arbeit jemals sein konnte. Denn dann erklingen Rufe wie »Langweilig!« und »Darf ich jetzt fernsehen?« in Dauerschleife und man wünscht der Landesregierung so viele kleine Kinder, dass sie den armen unterbezahlten Kindergärtnerinnen und Vollzeitbespaßern endlich das Geld zahlen, das sie offensichtlich verdienen, indem sie einem den Rücken (von Hoppe, hoppe Reiter) frei halten.

Diesen Drink kannst du übrigens gemeinsam mit deinen Kindern zubereiten und trinken. Und, nicht dass wir dir eine gewisse Überforderung unterstellen, aber mit einem ordentlichen Schuss Wodka schmeckt das Ganze in der Erwachsenenvariante auch ganz hervorragend.

Was du wirklich brauchst
100 ml Bananensaft
100 ml Kirschsaft

Was fast egal ist
Cocktailkirsche
Eiswürfel

Alkoholfrei

Hier gibt es nicht viel zu erklären. Zwei Zutaten zusammenschütten, fertig. Wer es besonders hübsch haben will, beginnt mit dem Bananensaft und lässt anschließend den Kirschsaft vorsichtig über den Rücken eines großen Löffels einlaufen.

Wer kleine Kinder hat, schüttet beide Zutaten in einen Putzeimer und lässt sie so lange darin herumpanschen, bis sie keine Lust mehr haben. Man kann ihnen auch erzählen, dass der Trank Zauberkräfte hat und sie ganz müde werden lässt. Einen Versuch ist es wert.

BITTER TIMES

WHISKEY TRAUER

Sauer, bitter ... vor allem ist so eine Isolation doch traurig. Wir trauern um die Zeit, die guten Gelegenheiten, die Erinnerungen. Da kommt so ein melancholischer Drink gerade recht. Schnief.

Was du wirklich brauchst
6 cl Whiskey

Was du sonst noch brauchst
2 cl Zitronensaft
2 cl Zuckersirup

Was fast egal ist
1 Eiweiß
Orangenzeste
Eiswürfel

Zieh dir etwas Schwarzes an. Lasse nun den Whiskey in den Shaker hinab und schaufle Zitronensaft und Zuckersirup darüber.

Wenn du Eiweiß verwenden möchtest, ist jetzt der richtige Zeitpunkt, um es dazuzugeben. Wenn nicht, dann beginne sofort mit bedächtigem, lang andauerndem Shaken. Wenn du der Happy-Birthday-beim-Händewachsen-Fraktion angehörst: Einmal der Refrain von Leonard Cohens »Hallelujah« sollte hier genügen.

Gib nun ein paar konservierende Eiswürfel hinzu und wiederhole das Shaken unter erneutem Trauergesang.

Bette den Inhalt deines Shakers nun in ein Glas, indem du ihn auf dem Weg dorthin noch durch ein reinigendes Sieb schickst. Abschließend kannst du noch ein Stück Orangenzeste auf der Eiweißhaube zur letzten Ruhe niederlegen.

Lege eine Schweigeminute ein und sei dankbar für alles, was du hast.

HALT'S MULE (TELKO-VARIANTE)

Konferenzen sind der absolute Tiefpunkt moderner Büroarbeit. Es werden Diskussionen geführt, die eigentlich nicht nötig wären, mit Menschen, die man eigentlich nicht mag, über Probleme, die man ohne sie gar nicht hätte. Und leider ist es dabei wie früher in der Schule: Es gibt die paar wenigen, die effizient antworten, wenn sie gefragt werden. Und die vielen, die Dinge erzählen, die völlig irrelevant sind, schon besprochen wurden, oder die einfach nur etwas wiederholen, um zu zeigen, was sie alles wissen. Telefonkonferenzen machen das Ganze nicht besser. Denn während man in Büromeetings einfach intelligent nicken konnte, um über die eigene geistige Abwesenheit hinwegzutäuschen – in dem Wissen, dass alles bald vorüber sein würde und man endlich weiterarbeiten könnte –, sieht das in der TelKo keine Sau, so dass man im schlimmsten Fall sogar aktiv teilnehmen muss.

Zum Glück gibt es den Halt's Mule. Nach dem Genuss hört zwar niemand auf zu reden und deine Beiträge werden auch nicht viel geistreicher, aber es wird dir sehr viel egaler.

Was du wirklich brauchst
5 cl Gin

Was du sonst noch brauchst
1 cl Limettensaft
8 cl Ginger Beer

Was fast egal ist
1 Scheibe Gurke
Eiswürfel

Eiswürfel und Limettensaft in das Glas geben (du kannst auch eine halbe frische Limette ausquetschen), mit Gin begießen und mit Ginger Beer auffüllen. Wenn du das nicht dahast, nimm Tonic – das ist dann zwar kein Halt's Mule mehr, aber alle, die ein Problem damit haben, sollen mal schön das Mule halten. Zum Schluss die Gurkenscheibe hinzugeben.

Wobei, die Gurke ist eigentlich nur so ein fancy Hipsterding. Wenn du die brauchst, hast du den ganzen Drink wahrscheinlich nicht nötig, weil du gerade in der TelKo von deinem neuesten Start-up-Crowdfunding-Projekt erzählst, während du dir gedankenverloren mit den Händen durch den akkurat unakkurat gestutzten Bart fährst.

LONG ISOLATION ICED TEA

Eistee erfrischt und hält wach. Doch während einer laaangen Phase der Isolation reicht das einfach nicht. Du musst darüber hinaus auch noch die Laune hochhalten und im Idealfall ein paar Stimmen hören, die deine sozialen Kontakte ersetzen. Genau für diesen Fall wurde der Long Isolation Iced Tea erfunden, ein Cocktail, der nur alibimäßig einen Schluck Cola enthält und sonst aus ziemlich allem besteht, was die gut sortierte Hausbar so hergibt.

Was du wirklich brauchst
2 cl Tequila
2 cl Wodka
2 cl Gin
2 cl Rum

Was du sonst noch brauchst
2 cl Orangenlikör (Triple Sec)
2 cl Zitronensaft
Cola

Was fast egal ist
2 cl Zuckersirup
Eiswürfel

Du musst dich durchaus nicht sklavisch an dieses Rezept halten. Bereite deinen ganz eigenen Long Isolation Iced Tea zu, indem du ein paar Schnapsreste zusammenkippst, die du noch so zu Hause hast, und das Ganze anschließend mit Cola verfeinerst. Die Chancen, dass das Ergebnis okay schmeckt, stehen 10:1.

Ein Drink wie eine Revolution: Aus schön separierten, einzelnen Spirituosen wird ein wildes Massenhappening, ohne Abstandsbegrenzungen, ohne Hemmungen. Gib alle alkoholhaltigen Zutaten in einen Shaker, dazu den Zitronensaft und, wenn du magst, Zuckersirup. Hier stellt sich die Frage, warum Zuckersirup in den Drink muss, wo doch schon Cola (ein anderes Wort für Zuckersirup) auf der Zutatenliste steht – aber nun gut.

Ein großes Glas mit Eiswürfeln bestücken und den wilden Ethanol-Melting-Pot aus dem Shaker hineingießen. Anschließend mit Cola auffüllen.

MASKERITA

Ein Klassiker, der sich bedeckt hält. Doch gerade pur und in seiner schlichten Eleganz ist er ein wahrer Held. Der Geschmack: leicht und getragen – einfach ein guter Stoff.

Wenn du nicht so der Typ für Schlichtes bist, ist möglicherweise Maskerita mit Erdbeeren oder Mangos etwas für dich.

Was du wirklich brauchst
6 cl Tequila
2 cl Orangenlikör (Triple Sec)

Was du sonst noch brauchst
3 cl Limettensaft
1 cl Agavensirup
Salz

Was fast egal ist
1 Scheibe Limette
Eiswürfel

Nutze den Moment, während Tequila, Triple Sec, Limettensaft und Agavensirup (oder etwas anderes Süßes) im Shaker luftdicht separiert sind, um dem Glas die namensgebende Maske aufzusetzen. Dazu wird dessen Rand leicht angefeuchtet und in Salz gedippt, sodass eine schützende Salzschicht den Rand umgibt.

So vorbereitet darf das Glas auch wieder in Kontakt mit den anderen Zutaten kommen. Diese werden aus dem Shaker nach ausgiebigem Mixen kontaktlos in das Glas gegossen (Shaker und Glas haben keinen Kontakt, Glas und Zutaten schon). Keine Sorge, dieses ist durch die Salzmaske geschützt.

Ein Hinweis: Fasse die Maske während der Zubereitung auf keinen Fall an, da diese sonst zerstört wird. Einzig die Limette darf zu Dekorationszwecken mit ihr in Berührung kommen, aber erst, nachdem du diese zuvor gründlich gewaschen hast.

CAMPARI-OH-NO

La dolce vita, ein Cappuccino in der Sonne hier, ein kleiner Flirt da, laue Sommerabende, Feste mit der ganzen Familie, das Flattern der Haare im Cabrio-Wind, südländische Straßenmusik, ein Eis am Strand. Was verbinden wir nicht alles mit Campari und Italien. Doch nicht in diesem Jahr. Italien hat dieses Jahr zu. Oh no!

Da wir Deutsche aber nicht nur mit idealisierenden Assoziationen ganz gut sind, sondern auch im an Beleidigung grenzenden Verallgemeinern, kannst du dir Italien easy nach Hause holen: Schön Eros Ramazotti bei Spotify suchen, Pizza bestellen und einen Camapari-Oh-No mixen – fertig. Wenn jetzt noch ein bisschen Sonne auf den Balkon scheint, ist die Illusion perfekt.

Was du wirklich brauchst
4 cl Campari

Was du sonst noch brauchst
12 cl Orangensaft

Was fast egal ist
1 Scheibe Orange
Eiswürfel

Nuno gibst due ein-ä paar Eiswürf-äl in-ä dein-ä Glas-ä und schüttäst die Campari hinzu-ä. Dann-ä füllsdu die Glas mit die Saft von die Orange auf-ä.

Wenn due wünschen, kannst-ä due noch ein-ä Scheib-ä von die Orange hängen an die Glas-ä.

Bellissimo!

VERLASSENE GRÜNE WIESE

Umgeben von Mauern, auf dich allein gestellt und ständig ist irgendwas im Supermarkt ausverkauft. Erinnert dich das an etwas? Zeit, sich einem der wichtigsten Cocktails der DDR zu widmen. Nur anders. Denn wo auf grünen Wiesen einst Kinder über ein Seil hüpften, Fußball spielten und Hunde Stöckchen hinterherjagten, ist heute Sperrgebiet.

Dieser Drink ist für dich, wenn du mangels Garten, Terrasse oder Balkon keine Möglichkeit hast, dich ins Gras zu legen, den Duft von frisch gemähtem Rasen einzuatmen, ein Blütenblatt zu berühren und die süße Wespe zu beobachten, die ihren Stachel gerade liebevoll in deine Fußsohle bohrt.

Was du wirklich brauchst
2 cl Blue Curaçao
6 cl Sekt

Was du sonst noch brauchst
2 cl Orangensaft

Was fast egal ist
1 Scheibe Orange
1 Cocktailkirsche
Eiswürfel

Wichtig: Auf keinen Fall einen faszinierenden Farbeffekt mit Abstufungen von Gelb bis hin zu Blau erzielen, indem du den Blue Curaçao erst zum Schluss vorsichtig hinzugibst. Nein! Gleich ordentlich durchmatschen, damit alles einheitlich grün ist.

Mische zunächst Blau mit Orange und schütte anschließend mit Durchsichtig-Blubbernd so lange auf, bis das Grün im Glas seine gewünschte Intensität erreicht hat oder Dunkelgrün mit Glanzfolie drum herum leer ist.

Anschließend kannst du noch Orange und Rot ans Glas stecken, damit endlich mal etwas Farbe ins Spiel kommt.

STREAM & CHILL & DRINK

MARTIN-SEH-ICH-NI

Eine der beliebtesten Ersatzbeschäftigungen während Ausgangssperre, Kontaktverbot und Co. ist das Fernsehschauen bzw. Streamen. Und weil ein bisschen Nostalgie nie verkehrt ist und gerade in solchen Zeiten Altbekanntes ein wohliges Gefühl von Vertrautheit auslöst, habe ich neuerdings eine tiefgründige Freundschaft zu James Bond entwickelt. Wir sehen uns eigentlich jeden zweiten Tag, er erzählt mir spannende Geschichten und wir reisen ein wenig durch die Gegend. Meinen Kumpel Martin hingegen habe ich schon eine ganze Weile nicht mehr gesehen, im Gegensatz zu James darf der nämlich nicht in mein Wohnzimmer. Allerdings sind seine Geschichten auch nicht so cool. Und im Casino waren wir auch noch nie.

Was du wirklich brauchst
6 cl Gin
1,5 cl Wodka

Was du sonst noch brauchst
0,5 cl Lillet Blanc

Was fast egal ist
Zitronenzeste
Eiswürfel

Zieh dir einen Anzug oder ein Abendkleid an und posiere mit dem Drink. So ein Bild gibt dir das Gefühl, du hättest richtig was erlebt.

Den Deckel vom Gin schießen. Ähnlich kurzen Prozess mit dem Wodka machen. Wenn noch ein Lillet Blanc vom letzten Sommer im Regal lümmelt, diesen ebenfalls liquidieren.

Alle drei zusammen in den Shaker geben und mit reichlich Eiswürfeln kalt machen. 007 Mal shaken. Du weißt schon: Geschüttelt ...

Den fertigen Drink nun in das stilvollste Glas schütten, das du besitzt. Und für ein Foto, das du an deinen persönlichen Martin schicken kannst, das Ganze noch mit einer Zitronenzeste dekorieren.

WEIT RUSSIAN

Unendliche Weiten – unendlich weit weg. Russland, sibirische Steppe, Traumbedingungen in Pandemiezeiten: Mindestabstand von 2 km zum nächsten Menschen, alle bedecken wegen der Kälte automatisch Mund und Nase und bei Temperaturen von bis zu -60 °C fühlt sich bestimmt auch ein knallharter Virus nur so mittelwohl.

Dude, lass uns diesem Land mit einem Drink Respekt zollen.

»He, es ist erst 11 Uhr vormittags!«

Ach komm, Bademantel kannst du anlassen.

Was du wirklich brauchst
6 cl Wodka
3 cl Kaffeelikör

Was du sonst noch brauchst
3 cl Sahne

Was fast egal ist
Eiswürfel

Ein paar Eiswürfel (Format Bowlingkugel) in ein Glas geben. Wodka und Kaffeelikör darübergießen und kurz umrühren. Zum Schluss die Sahne über den Rücken eines Esslöffels ins Glas fließen lassen. Fertig – das geht auch um elf Uhr vormittags im Halbschlaf.

Wenn du es lieber ein bisschen leichter magst oder einfach keine Sahne im Kühlschrank hast, kannst du stattdessen auch Milch verwenden. Lässt du beides ganz weg, ist das immer noch ein Drink. In diesem Fall ein Outblack Russian.

RADIO CITY
MUSIC HALL
RADIO CITY
Music Hall
Music Hall RADIO CITY
Music Hall RADIO CITY
SHOWPLACE OF THE NATION
RADIOCITY.COM TODAY!
SHOWPLACE OF THE NATION
CHASE
W 50 St
Subway

MANHATTAN IS FAR AWAY

Manhattan oder Mittenwald – ist doch momentan irgendwie alles gleich weit weg. Also hol dir den Big Apple lieber nach Hause und tu einfach so, als wärst du dort: Leg »New York, New York« auf, verbrenn ein paar 50-Euro-Scheine und starre aus dem Fenster auf ein beliebiges Hochhaus.

Dabei genießt du diesen Drink.

Was du wirklich brauchst
6 cl Whiskey
3 cl süßer Wermut

Was du sonst noch brauchst
2 Spritzer Cocktailbitter

Was fast egal ist
Cocktailkirsche
Eiswürfel

Wenn du alles in ein Glas gekippt und mit der Cocktailkirsche verziert hast, stellst du dich noch einmal an besagtes Fenster und rührst gedankenverloren in deinem Drink. Wenn gerade kein Hochhaus deine Aussicht blockiert, ist das grundsätzlich erst mal sehr schön für dich – klebe dir für das passende Flair aber gern einen entsprechenden Ausschnitt aus einem Prospekt ins Fenster.

Du kannst jetzt zudem prima einen auf »New Yorker Starautor aus egal welchem Hollywoodfilm« machen, indem du dir ein Hemd oder eine Bluse anziehst und einen alten Wollpulli um die Schultern wirfst. Dazu bitte Pfeife rauchen.

Solltest du so weit weg von einem New Yorker Starautor sein, dass du keinen Cocktailbitter im Schnapsschrank hast, kannst du den zur Not (und wirklich nur dann) durch hochprozentigen Kräuterschnaps ersetzen. Und den passenderen süßen Wermut durch Wermut. Vielleicht nimmst du dir dann aber auch direkt ein anderes Rezept vor, bevor aus einem edlen Manhattan Jägermeisterwhiskeyplörre wird. Wobei, wenn's schmeckt ... die absurde, aber leckere Kreation des Cronut hat seine Wurzeln ja auch in New York City.*

* Wenn du, warum auch immer, mit dem Jäskey reich werden solltest: Das war meine Idee!

DORFOPOLITAN

Sind nicht unsere Dörfer die heimlichen Gewinner dieser Art Krisen? Einst als rückständig verlacht von den coolen, hippen Großstädtern mit ihren Cocktailbars, Glasfaseranschlüssen und Promi-Bekanntschaften.

Doch wer hätte gedacht, dass sich völlig unzureichender öffentlicher Nahverkehr, stark beschränkte Ausgehmöglichkeiten und ein stark wertverfallendes Grundstück in einer abgelegenen Gegend, in der jeder über 18 mindestens ein eigenes Auto besitzt, weil er sonst schlicht verhungern würde, einmal die feuchten Träume jedes Krisenstabs füllen würden?

Dorf is back! Ein Hoch auf Schotterpisten, Grillen im Garten und wechselseitige »soziale Kontrolle«.

Was du wirklich brauchst
4,5 cl Wodka
1,5 cl Orangenlikör (Triple Sec)

Was du sonst noch brauchst
1 cl Limettensaft
3 cl Cranberrynektar

Was fast egal ist
Eiswürfel

Ach ja, das Zitronengedöns im Bild lässt du natürlich weg. Schickschnack. Braucht kein Mensch.

Als vernünftiges Dorfkind passt man natürlich die Mengenangaben entsprechend an, ist ja klar. Du kannst in dem Fall auch alles in dem Mallotze-Sangria-Eimer zubereiten und die überlangen Strohhalme endlich aufbrauchen, die du in Zukunft sowieso nicht mehr verwenden darfst.

Die Zubereitung? Einfach alles zusammenschütten und ordentlich mischen. Du kannst den Drink natürlich auch in kleine Flaschen umfüllen, falls du was für den Weg brauchst, wenn du nur mal eben die 5 km rüber zum Tante-Emma-Laden ins Nachbardorf wandern willst. Die enthaltenen Eiswürfel kannst du dann auch verwenden, um Wildschweine zu vertreiben, die dir unterwegs begegnen könnten.

TAXI
TAXI
VISA

TAXI DRIVER NOT NEEDED

Dein Bewegungsradius, wenn alles okay ist:

Wohnung – Arbeit – Wohnung von Paul – Wohnung von Mia – Haus der Eltern – Bar – Restaurant – Kneipe – Kino – Stadion – Fitnessstudio – Friseur – Ausflug (Inland) – Urlaub (anderer Kontinent)

Dein Bewegungsradius, wenn ein Virus die Macht an sich gerissen hat:

Bett – Kühlschrank – Schreibtisch – Kühlschrank – Sofa – Bett

Möglicherweise, das kann ich natürlich nicht gesichert sagen, aber möglicherweise brauchst du für diese Wege kein Taxi. Auch nicht mitten in der Nacht. Auch nicht sturzbetrunken. Und nein, auch nicht, wenn du ja eigentlich laufen wolltest, es aber dummerweise regnet.

Was du hingegen brauchen kannst, ist dieser Drink.

Was du wirklich brauchst
2 cl Blue Curaçao
3 cl Tequila (weiß)

Was fast egal ist
1 Scheibe Zitrone
Eiswürfel

Was du sonst noch brauchst
10 cl Maracujanektar
5–10 cl Zitronenlimonade

Wenn du magst, kannst du dir beim Trinken ein Taxi-Leuchtschild auf den Kopf setzen.

Der Blue Curaçao kommt von rechts und hat Vorfahrt ins Glas. Anschließend bekommt der Tequila Grün. Der Maracujanektar musste noch am Zebrastreifen warten, bis die Eiswürfel endlich im Glas sind. Nach ihm kommt die Zitronenlimonade um die Ecke gefegt, natürlich mal wieder ohne zu blinken. Wie viel davon tatsächlich im Glas landet, ist daher im Vorfeld schwer einzuschätzen und deinem Geschmack überlassen. Ebenso, ob du abschließend noch ein gelbes Lichtzeichen am Glasrand platzieren möchtest.

Und nun: Freie Fahrt in deinen Magen!

Bibliografische Information der Deutschen Nationalbibliothek
Die Deutsche Nationalbibliothek verzeichnet diese Publikation in der Deutschen Nationalbibliografie. Detaillierte bibliografische Daten sind im Internet über http://d-nb.de abrufbar.

Für Fragen und Anregungen
info@rivaverlag.de

Originalausgabe
2. Auflage 2021

Türkenstraße 89
80799 München
Tel.: 089 651285-0
Fax: 089 652096

Redaktion: Dr. Carina Heer
Umschlaggestaltung und Layout: Pamela Machleidt
Umschlagabbildung: istockphoto/SonerCdem, shutterstock/Serhiy Shullye, shutterstock/VasilkovS, shutterstock/David Spieth
Abbildungen Innenteil: Shutterstock.com/Marion Carniel, Africa Studio, EB Adventure Photography, armano777, Marius Dobilas, artjazz, Lightspring, Dmity Trush, freemind-production, Foodio, shisu_ka, grafvision, Stacey Newman, This Lama, Klochkov SCS, malinkaphoto, Alexandru Nika, viennetta, John Arehart, Andrew Pustiakin, Petra Nowack, 3523studio, Prometheus72, Goskova Tatiana, Brian A Jackson, Micaela Fiorellini, R R, Groundspike, Kevin McGovern, HandmadePictures, Julian Beltrol, Tobias Arhelger, Sergey Mironov, Elena Veselova, Anasta_Rass, Volodymyr Zakharov, Maksym Fesenko, Teri Virbickis, Tarkvi Tuk, Pressmaster, Guillaume Therrien, Serhiy Shullye, Akin Ozcan, Ivan Cheremisin, Picturesque Japan, mikolajn, Wollertz, Riska Parakeet, Alp Aksoy, colorblind.max, UllrichG, etorres, peter jesche
Satz: Müjde Puzziferri, MP Medien, München
Druck: Florjancic Tisk d.o.o., Slowenien
Printed in the EU

ISBN Print 978-3-7423-1598-4
ISBN E-Book (PDF) 978-3-7453-1279-9
ISBN E-Book (EPUB, Mobi) 978-3-7453-1280-5

Weitere Informationen zum Verlag finden Sie unter
www.rivaverlag.de
Beachten Sie auch unsere weiteren Verlage unter
www.m-vg.de